# 「時制」使い分けマップ

時制が決まったら、主語や動詞を当てはめてみましょう。

## 今

I'm / You're / We're / They're / He's / She's / It's
**I'm going**
**I'm not going**
**Am I going?**
Am I / Are you / Are we / Are [he / She / Is it]

## 普段

I / You / We / They　｜　He / She / It

**I go**　｜　**He goes**
**I don't go**　｜　**He doesn't go**
**Do I go?**　｜　**Does he go?**

## 未来

I'm / You're / We're / They're / He's /
**I'm going to go**
**I'm not going to go**
**Am I going to go?**
Am I / Are you / Are we / Are they / Is he / Is she / Is it

## 過去

I / You / We / They / He / She / It
**I went**
**I didn't go**
**Did I go?**

# 英会話は
# ×直訳をやめる○
## と
# うまくいく！

## ニック ウィリアムソン
### Nic Williamson

この本は、「**英語で言いたいことが、意外なほど簡単に言えるようになる方法**」を書いた本です。

「それができたら苦労はしないよ……」

そう思うのも無理はありません。学校で少なくとも6年間、社会人になってからもTOEICなどの勉強をしてきたのに、**いざ言いたいことを英語で言おうとするとその単語や表現が出てこず、パッと英語にすることができない**。そんなつらい思いをしてきた人は多いでしょう。

**本書はそんな悩みを解決します。**しかも、単語や文法を新たに覚える必要がありません。**今、皆さんが持っている英語力でできます。**

---

## 英語で言いたいことが言えないのは日本語に合わせようとするから

---

**なぜ英語で言いたいことがパッと言えないのでしょうか?その大きな原因の一つは、日本語に合わせようとするから**です。英語と日本語は表現の仕方が異なるので、日本語をそのまま英語にしようとする、つまり「**直訳**」しようとするとうま

くいかないのです。

　でも、心配はいりません！　この本を読めば、**日本語に合わせなくて済むコツが身に付き、無理やり直訳するくせが治り、英語の発想で会話ができるようになります。**

---

## 「しあさって」を英語で言える？

---

　具体例で説明しましょう。たとえば、「しあさって（明明後日）」と英語で言いたいときは何と言えばいいでしょう？

　「しあさってという英単語は教わってないから言えない！」とあっさり諦めないでください。今日が月曜日の場合、しあさっては木曜日なので、「on Thursday」と言えばいいのです。または「in 3 days（3日後）」でもいいですね。

　「えー、ずるい！」って思うかもしれませんが、そもそも英語には「しあさって」という表現がありません。そして、英語の発想では「on Thursday」や「in 3 days」が自然なのです。

　しかも、これなら皆さん、英語で言えますよね？　なのに、「しあさって」という**日本語にこだわって言えなくなるのはもったいない！**

## 「彼は今、話題の人です」を英語で言える？

では、もう1問。
「彼は今、話題の人です」と言いたいときはどうしましょう？

「話題」って「topic？ popular？ んん、なんか違うなあ……」と迷ってしまいますよね。日本語に引きずられると永遠に答えが出てきません。

正解は、Everyone is talking about him. です。答えを聞いたら「なあーんだ」と思われたはず。この英語も皆さん難なく言うことができますよね。実は、**英語の発想に沿って考えると、こんな簡単な単語と文法で自然な英語を言うことができる**のです。

## 英語の発想が一発で身に付く！

「その英語の発想をするのが難しいのでは？」
そう思った人もいるでしょう。

その**英語の発想、英語のフレームワークに沿って考えるコツ、しかも読んだらすぐに実行できる超簡単なコツを皆さんに**

**お伝えする**ために書いたのが本書です。

　英語の発想ができないのは皆さんのせいではありません。**ここで取り上げたコツは、学校ではなかなか教えてもらえませんから。**

　私は20年以上日本で英語を教えてきました。その間、生徒さんたちがいちばん苦労しているのは、**日本語にこだわって英語が出てこず自滅してしまう**ことだと気づいたのです。そして、その悩みを解決すべく、**「脱・直訳」できるコツ**をたくさん編み出してきました。

　この本はその集大成です。

　そのコツの一部を私のYouTubeチャンネルで公開したら、33万回以上再生され、「すごくわかりやすい！」「毎回つまずく理由がやっとわかりました」などの驚きや喜びの声をたくさんいただきました。

　この本を読めば、**英語の感覚に沿って、英語らしい英語で、今まで言えなかったことが不思議なくらい言える**ようになります！　ぜひコツを身に付けて、最速使ってみてください。


ニック ウィリアムソン
*Nic Williamson*

# CONTENTS

## Chapter 1

# SVOで考える

## Chapter 2

# 時制で考える

# Chapter 5

# 発想を変える

## 本書の使い方

本書は5章、23の「話せるコツ」から構成されています。①各「話せるコツ」の解説を読んで理解したら、②練習問題で英会話を一気に楽にする超簡単なコツを身に付けましょう。

### ①【解説】 「脱・直訳」して話せる超簡単なコツ

簡単なのに効果絶大のコツをこの解説を読んで理解しましょう。これまでの英語学習とは異なるアプローチができるようになるはずです。

### ②【練習】 超簡単なコツを身に付ける練習

「脱・直訳」のコツを学んだら即、実践。左ページの日本語を、学んだコツを使って英語にしてみましょう。右ページで答え合わせをしてください。

日本語➡英語の順で収録した音声を用意したので、音声だけでも練習が可能です。音声の入手方法は次ページ➡

### 「時制」使い分けマップ

巻頭にあるこのマップを常に手元に置いて、素早く英語を作る練習をしてみてください。

ほかに、超カンタン単語フレーズ集やコラムもあります。

## 【無料】本書の学習用音声の入手方法

本書の学習用の音声を、以下の方法で無料提供しています。

## スマートフォンの場合

 英語学習 booco【無料】

アルクが無料提供しているアプリです。リピート再生や数秒の巻き戻し・早送り、読み上げスピード調整、学習記録、目標設定などが可能です。また、電子版の購入もできます。

**【手順】**

①英語学習 booco のダウンロード
スマートフォンに、英語学習 booco をダウンロード。
※App Store、Google Play から「booco」で検索。

②本書を探す
ホーム画面下の「さがす」ページで、商品コード7023031で検索。

③本書の音声をダウンロード

## パソコンの場合

以下のサイトで本書の商品コード7023031で検索してください。

アルクのダウンロードセンター
https://portal-dlc.alc.co.jp/

# SVOで考える

「脱・直訳」
して話せる
コツ

「AはBです」を英語で言うと「A is B.」って学校
で習ったかもしれませんね。日本人は「〜は」が
出てくるとつい is/are を使って直訳してしまいがち
です。この「は＝is」の呪縛から逃れるのが、直
訳を避ける第一のコツです。

# 英語のシンプルな構文で考える

**「買い物はいつも銀座です」を英語で言うと?**

いきなりですが、ネイティブスピーカーの友達と買い物について会話しているときに、「買い物はいつも銀座だよ」と英語で伝えられますか?

**買い物はいつも銀座です。**

とっさに聞かれると「Shopping is Ginza. かな?」とか「いやいや、場所の前置詞を入れて Shopping is in Ginza. かも?」などと考えた人もいるでしょう。

日本の英語学習者は「〜は」が出てくると、「〜」が主語だと思って反射的に is/are を使ってしまいがちですね。しかし、**is はそもそも「〜は」じゃなくて「〜です」の意味**です。そして、**「〜は」は主語とは限りません。**

この場合も「買い物」は主語ではありません。自然な答え

は以下です（p.30もご覧ください）。

# I go shopping in Ginza.

## SVO思考のメリット

**日本語の「〜は」に惑わされないようにするためのいちばんのコツは、SVOで考えることです。**このユニットでは、英語の最も基礎的な構文「SVO」を見ていきましょう。

### S（主語） ＋ V（動詞） ＋ O（目的語）

という語順のことです。

**私が英語を学ぶ。**

なら、S（主語）はI、V（動詞）はlearn、O（目的語）はEnglishですね。

I **learn** English.
主語　　動詞　　　　目的語
〜が　　　　　　　　〜を

英語には日本語のように「〜が」という単語も「〜を」という単語も存在しません。英語では、それらの**意味を位置で表す**のです。したがって、単語を正しい位置に入れることがとっても大事になります。

● **動詞の左側なら「〜が」→ これが主語です。**
● **動詞の右側なら「〜を」→ これが目的語です。**

　これが英語の基本形です。英語はこの並び順を間違えるとおかしなことになります。仮に、English learn I.としてしまうと「英語が私を学んでいる」ことになってしまいます。

　一方、日本語には「が」も「を」もあるので、位置が変わっても意味は変わりません。

● 私が英語を学んでいる
● 英語を私が学んでいる
● 学んでいる、英語を、私が

　このように、多少不自然かもしれないけれど、日本語は順番が変わっても同じ意味として通じますよね。この日英の違いが、日本人にとって英語を難しくしている原因であり、日本語から英語に「直訳」をしてはいけない最大の理由です。

## 「は」は主語とは限らない！

　実は、さっきから「私は英語を」じゃなくて「私が英語を」と言っているのには訳があります。

　「は」は「主語」になったり「目的語」になったり、またはどっちでもなかったりします。「は＝主語」と考えることが、数えきれないほどの間違いの原因になっているのです。

　たとえば、「トイレはこの部屋を出て左です」を、
　　× The toilet leaves this room.
　　（トイレがこの部屋を出ていく）
と訳したら大変！

　では

**ラーメンは食べたけど、ギョーザは食べなかった。**

は何と言うでしょう？　ＳＶＯで考えてみてください。

# I ate ramen. But I didn't eat gyoza.

　「ラーメン**は**」「ギョーザ**は**」となってますが、「ramen」と「gyoza」は主語ではなく、目的語ですよね。

「は＝主語」と考えた場合、

× Ramen ate but gyoza didn't eat.

（Ramen さんが何かを食べた、Gyoza さんが何も食べなかった）

になっちゃいます。Gyoza さんはダイエット中？

また、「は」が主語でも目的語でもない場合もよくあります。

**火曜日はラーメンを食べます。**

は、

× Tuesday eats ramen.（火曜日がラーメンを食べる）

……なわけありませんよね。ここもSVOで考えれば、日本語に惑わされません。正解は、

# I eat ramen on Tuesdays.
**（火曜日に私がラーメンを食べる）**

## 「は」を「が」に置き換えてみる

日本語に惑わされないようにするコツの一つとして、日本語から訳すときに **「は」を「が」に置き換える** と間違えを防げるというものがあります。

上の文でも、「火曜日**が**ラーメンを食べる」としてみれば、

Tuesdayが主語でないのはすぐにわかります。

　ただ、**理想は、日本語から直訳せずに、英語の基本のフレームワークである「SVO」に単語を当てはめて最初から英語で考える**ことです。

　誰が (S) → どうする (V) → 何を (O)

のように考えるようにしましょう。

　それでは、**「日本語に惑わされない感覚」を養う**ために、次ページから、あえて日本語に惑わされやすいお題を英語にする練習に挑戦してみましょう。

　**「主語は誰・何?」「目的語は何?」**のように考えてみてください。

---

──── 話せるコツ 01のまとめ ────

① 「〜は」を「〜が」に変えてみる。

② SVOに単語を当てはめると、日本語に惑わされなくなる。

---

## SVOで考える練習

次の日本語を英語で言ってみましょう。
（答えは次ページ）

1. | レポートは書きました。

2. | 夏は海に行けるね。

3. | 試合の後半は見た。

4. | それは見た。

5. | 1つは見付けた。

6. | 夕飯は私が作っている。
   これは普段の習慣のことです。

7. | 払ったのは彼です。

8. | 彼の名前は聞いていない。
   少し難しいけど「hear」や「listen」は使わないよ。

## I wrote the report.

## We can go to the beach in summer.

「どこ」と「いつ」は、このように最後に置くのが一般的。

## I saw the second half of the game.

## I saw it.

## I found one.

## I make dinner.

## He paid.

目的語は不要です。

## I didn't get his name.

日本語に惑わされずに英語にできましたか？

# 前置詞の有無に気を付ける

 **Q** 「ランチは私が払った」を英語で言うと?

先日、家を買ったと言う生徒さんに「家をどこに買ったんですか?」と聞いたら、

**I bought Shibuya.**

(渋谷を買った)

という答えが返ってきました。

お金持ち!!　生徒さんが言いたかったのは

# I bought (it) <u>in</u> Shibuya.
(渋谷**に**買った)

ですよね。前置詞 in を入れないと街を買ったことになってしまいます。

## 前置詞を入れると目的語ではなくなる

話せるコツ01で「動詞の右側にくるものは"〜を"という意味になる」と言いましたが、厳密には「**前置詞なしで**右側にくるものは"〜を（目的語）"になる」が正しいです。

たとえば

# I learn English. は

**英語を学んでいます。**

ですが

# I learn in English. は

**英語で学んでいます。**

という意味になりますよね。**inを入れるとEnglishは目的語ではなくなる**のです。

learnは目的語があってもなくてもいい動詞なので、文としてはどちらも成立します。ただ、2つ目の文には「〜を」、つまり「目的語」がないので、「何を学んでいるか」はわかりません。

英語で料理を学んでいるのか、英語でゴルフを学んでい

るのか、わかりませんよね。目的語を入れてみれば、以下の
ようになります。

# I learn cooking in English.
（英語で料理を習っている）

# I learn golf in English.
（英語でゴルフを習っている）

逆に

# I live in London.
（ロンドンに住んでいる）

の前置詞を入れ忘れると「を」になるので

**I live London.**
（ロンドンを生きる）

かっけー！　かっこいいけどまったく違う意味になってしまい
ます。

## 「を」があるかないかを見極める

では、次はどうでしょうか。

**ランチは私が払った。**

　主語がわかりやすいので、そんなに迷わないかもしれませんが、正解は以下です。

# I paid for lunch.

　I paid lunch.（ランチを払った）ではありませんよ。これだと、お金の代わりにランチそのものをレジで払ったことになってしまいます。

　「英語はまずSVOで考えるのが基本」と意識しつつ、「を」がない場合もあるし、前置詞の有無で意味が大きく変わるので注意してください。

───── 話せるコツ 02のまとめ ─────

① 前置詞を入れないと「を」になる。

② 前置詞を入れると「を」じゃなくなる。

1. | ルールを説明した。

2. | 英語で説明した。

3. | IT業界で働いている。
「IT業界」は「IT」でOK。

4. | 渋谷で食べている。

5. | 100ドルを払った。

6. | 夕飯は私が払った。

7. | 彼を連れていった。

8. | 車はトヨタに乗ってます。
「トヨタを運転している」と考えてみよう。

## I explained the rules.
「〜を」なので、前置詞はなし。

## I explained in English.
「〜で」なので、前置詞が入る。

## I work in IT.

## I'm eating in Shibuya.

## I paid $100.

## I paid for dinner.

## I took him.

## I drive a Toyota.
a Toyotaで「１台のトヨタ車」を表せます。

「〜を」がない場合に気を付けてくださいね。

「SVO」と「時制の使い分け」（Chapter 2参照）について
YouTube動画も作りましたので、もしご興味があればぜひ
観てみてください。

　　　　「この２つをおさえれば英語なんて楽勝だ」

# 時制で考える

「脱・直訳」
して話せる
コツ

まずはSVOで考えてみるのが英語の基本。そして、その次に大事なのが「時制」です。「時制」さえ合っていれば正しい英語が言える、と言っても過言ではありません。早速そのやり方を見ていきましょう。

# 「時制」優先で考える

**Q** 「料理をするのはいつも私です」を英語で言うと?

「SVO」の次に大事なのは**「時制の使い分け」**です。

「時制の使い分け」は英語脳の基盤です。ただ、不都合なことにこの「時制の使い分け」は日本語と英語でルールが異なるので、日本語をそのまま英語にすると変な英語になることが多くなります。

## 時制さえ合っていればOK

日本語をあれこれ考えて英語にしようとせず、まずは**言いたいことの「時制」を考えて**みてください。すると、不思議とうまくいくのです。必要な**時制は基本的に次の4つだけ**です。

1. **普段**　いつも〜する　**現在形**
2. **今**　　今〜している　**現在進行形**

**3. 過去**　過去に〜した　**過去形**
**4. 未来**　未来に〜する　**未来形**

## 「時制」使い分けマップ

時制の使い分け方を1つの図にまとめたのが以下の「『時制』使い分けマップ」です。

| | 普段 |
|---|---|
| I / You / We / They　　He / She / It | |
| **I go**　　　　　**He goes** | |
| **I don't go**　　　**He doesn't go** | |
| **Do I go?**　　　　**Does he go?** | |

| | 今 |
|---|---|
| I'm / You're / We're / They're / He's / She's / It's | |
| **I'm going** | |
| **I'm not going** | |
| **Am I going?** | |
| Am I / Are you / Are we / Are they / Is he / Is she / Is it | |

| | 過去 |
|---|---|
| I / You / We / They / He / She / It | |
| **I went** | |
| **I didn't go** | |
| **Did I go?** | |

| | 未来 |
|---|---|
| I'm / You're / We're / They're / He's / She's / It's | |
| **I'm going to go** | |
| **I'm not going to go** | |
| **Am I going to go?** | |
| Am I / Are you / Are we / Are they / Is he / Is she / Is it | |

※巻頭のカラー版を切り取って、それを見ながら学習を進めましょう。

この図に従って、次の日本語を英語にしてみましょう。

**料理をするのはいつも私です。**

「料理をするのは」は関係代名詞を使うのかな?と難しく考えずに、図を見ながら次の順序で英語にしてみてください。

①料理をするのが「私」なので、主語は「I」
②「いつも」なので、時制は「普段」

すると、英語は以下になります。

# I cook.

はい、これが正解です。日本語と比べて「これだけ?」って思うかもしれませんが、本当にこれだけです。

日本語を直訳して
× The person who always cooks is me.
とは言いません。

この場合、I cook.が最も自然な英語です。どうです? 日本語から直訳するよりずっと簡単でしょう?

話せるコツ01で取り上げた

**買い物はいつも銀座です。**

も同様に、

①**買い物をするのは「私」なので、「I」が主語**
②**「いつも」なので、時制は「普段」**

と考えて

# I go shopping in Ginza.

です。

## 「普段」以外の時制も

では、次はどうでしょう。

**別れるつもりです。**

「別れるつもり」でも「別れそう」でも、「これからのこと」なので、未来形を使います。

①**別れるつもりなのは「私」なので、「I」が主語**
②**「つもり」なので、時制は「未来」**

と考えて

# I'm going to break up.

と言います。**未来形は全部 be going to で表現できます。**

主語が「I」じゃない場合は、先ほどの図に書いてあるもの

を参考に差し替えてください。

「普段」と「過去」は「I」の代わりに「You / We / They / He / She / It」、

「今」と「未来」は「I'm」の代わりに「You're / We're / They're / He's / She's / It's」に置き換えます。

「普段」の時制だけ、「He」「She」「It」の肯定文なら動詞に「s」が付きます。

とりあえず、図のように作れば必ず正しい英語になります。

**料理をするのはいつも彼です。**

は?

①料理をするのは「彼」なので、「He」が主語
②「いつも」なので、時制は「普段」

# He cooks.

ですね。

## 過去形を使うのは過去の肯定文だけ

　過去の肯定文だけ、動詞の過去形を使います。「時制」使い分けマップの過去のところに「went」と書いてあるのは「使いたい動詞の過去形を使ってね」というヒントでして、毎回「went」を使うわけじゃないので注意しましょう（わかりますよね）。

たとえば

　**それを買った。**

はbuyの過去形boughtを使って

　①買ったのは「私」なので、「I」が主語
　②「買った」なので、時制は「過去」

# I bought it.

です。

## 「今」のことは進行形

最後に「今」の時制の文も作ってみましょう。

**今日は車です。**

はどうでしょう?

①車を運転してきているのは「私」なので、「I」が主語
②「今日は」なので、時制は「今」

なので

# I'm driving.

でいいのです。todayはわかるので必要ありません。

**今、雨が降っている。**

なら?　天気を表す場合の主語は「It」です。

①**天気の話なので、主語は「It」。**
②「今」降っているので、時制は「今」

# It's raining.

ですね。

───── 話せるコツ 03のまとめ ─────

① 主語の次は「時制」を選ぶ。

② 選んだ時制の図に単語を当てはめる。

# 時制で考える練習①

次の日本語を英語で言ってみましょう。
（答えは次ページ）

**1.** | いつも6時に帰っている。

**2.** | ジムに通ってます。

**3.** | ジムに向かってます。

**4.** | 日曜日は出社する予定。
「出社する」は「go to work」です。

**5.** | 怒られそう。
「怒られる」は「get in trouble」。

**6.** | 最近、太ってきた。
「太る途中」と考えてみよう。

**7.** | もう始まっている。

**8.** | 私たちはもう別れているよ。
「別れる」は「break up」。

I go home at six.

I go to the gym.

I'm going to the gym.

I'm going to go to work on Sunday.

I'm going to get in trouble.

I'm gaining weight.

It started.

We broke up.

時制は大事だからもう1セットやってみよう➡

# 時制で考える練習②

次の日本語を英語で言ってみましょう。
（答えは次ページ）

**1.** 運転はいつも彼です。

**2.** 彼は今、仕事中。

**3.** 彼女から電話があった。

**4.** 私たちは締め切りに間に合いそう。
「締め切りに間に合う」は「meet the deadline」。

**5.** 雨が降りそう。

**6.** 毎回、雨です。

**7.** 壊れそう。

**8.** そういうことはよくあるよ。
「普段起こる」ということです。

## He drives.
普段のことを表す現在形なので「always」や「usually」は不要。

## He's working.
会話では、「He is」はたいてい「He's」と短縮して言うよ。

## She called.
There was a phone call from her.なんて言う必要なし。

## We're going to meet the deadline.

## It's going to rain.

## It rains (every time).
「every time」はなくても通じます。

## It's going to break.

## It happens.
「よく」の英語は不要。

時制のコツはもうつかめたかな？

話せるコツ **04**

# 2ステップで考える

 **Q** 「賃貸ですか?」を英語で言うと?

## 時制の次は「肯定・否定・疑問」を選ぶ

次は、選んだ時制の中で「肯定・否定・疑問」を選びましょう。

日本語に引っ張られないために、**英語の思考の流れに沿って2ステップで考え**てみてください。

STEP1　時制　➡　STEP2　肯定・否定・疑問

たとえば、

**日本ではチップを払う習慣はない。**

は「**普段の話**」で「**否定**」なので以下です。

# We don't tip in Japan.

　日本語に引きずられて、「習慣はない」はnot customary
かな、なんて考える必要はありませんよ。 customaryなん
てネイティブでも思いつきません。

　では、次はどうでしょう。

**昇格できなさそう。**

時制は「**未来**」で「**否定**」だなとだけ考えて

# I'm not going to get promoted.

　「できなさそう」だからcan'tを使う？とか、It doesn't
seem toかな？とか、難しく考える必要はありませんよ。「未
来」のことだからbe going to、「否定」だからI'm not
going toでいいのです。

　次は、疑問文に行ってみましょう。相手の家について

**賃貸ですか?**

は「**普段**」のことで「**疑問**」とだけ考えて

# Do you rent?

でいいんですよ。

　主語で迷ったかもしれませんね。でも、基本はSVOで考えると間違いが減ります。借りているのは相手なので、主語はyouですね。

　Are you renting?はどうでしょう？　一時的な話なら進行形もありえます。でも、ある程度長く住んでいる場合は、やはり現在形ですね。

　結局、日本語からスタートしないのがいちばんです。理屈を考える必要もなく、話したい内容をこの図に入れれば、楽に話せるようになります。

＊疑問文の主語の置き換えは下の段に書いてあります。

## ちょっと応用、過去進行形

少し応用して、次はどうでしょう。

**そのときは雨が降っていたんです。**

過去進行形にするだけで「そのときは」という意味になるので、「at that time（当時は・その時は）」はいりません。

# It was raining.

このように、英語は「時制」を核としてコミュニケーションをしているのです。

――― 話せるコツ 04のまとめ ―――

① 「時制は?」➡ ②「肯定・否定・疑問
のどれ?」とだけ考える。

より上級編の「完了形」も面白いコミュニケーションツールです！　ご興味があればぜひこちらのYouTube動画を観てみてください。

# 2ステップで考える練習①

次の日本語を英語で言ってみましょう。
（答えは次ページ）

**1.** | 今、すっぴんです。
「化粧する」はwear makeup。

**2.** | いつもすっぴんです。

**3.** | 外食は全然しない。
「外食する」はeat out。

**4.** | 今夜は帰らない。

**5.** | 今から帰るね。

**6.** | 昨日は帰ってない。

**7.** | 今日は車じゃないよ。

**8.** | あなたは料理したりするの?

I'm not wearing makeup.

I don't wear makeup.

I don't eat out.

I'm not going to go home tonight.

I'm going to go home.

I didn't go home yesterday.

I'm not driving.
todayは言わなくてもわかりますよね。

**Do you cook?**
「したりする」にこだわらないで！

2ステップでできたかな？　もう1セット➡

# 2ステップで考える練習②

次の日本語を英語で言ってみましょう。
（答えは次ページ）

**1.** | 締め切りに間に合いそうですか?

**2.** | **彼は無職です。**
「普段」の話です。

**3.** | **彼も手伝ったりするの?**
これも「普段」。

**4.** | **明日は雨なの?**

**5.** | **昨日、雨は降ってないよ。**

**6.** | **オーストラリアでは雪は降ったりするの?**

**7.** | **そうはならないでしょう。**

**8.** | **あっ! お金おろしてない。**
「お金をおろす」は get money out。

**Are you going to meet the deadline?**

**He doesn't work.**

**Does he help?**

**Is it going to rain tomorrow?**

**It didn't rain yesterday.**

**Does it snow in Australia?**

**It's not going to happen.**

**I didn't get money out!**
「おろさなかった」ということです。

もうコツはつかめたのでは?

# 「時制」でコミュニケーションをしている

## 「まだ夕飯作ってない」を英語で言うと?

英語は、日本語よりも時制の使い分けでコミュニケーションを取っている部分が大きい言語です。

そして、**英語と日本語は時制が一致しないことが多いので、日本語をヒントにすると間違いのもとになります。**

### 「〜している」の時制はいろいろ

たとえば、日本語が「〜している」だからといって、英語を全部進行形の「~ing」にするわけにはいきません。

なぜなら、日本語では、普段のことも、今やっていることも、明日のことも、過去のことまでも「している」と言うことがしばしばあるからです。

| 普段 | 普段何してる? | What do you do? |
| 今 | 今何してる? | What are you doing? |
| 未来 | 明日何してる? | What are you going to do tomorrow? |
| 過去 | もうしてる。 | I did it. |

　日本語が同じ「している」でも、英語は全部「~ing」の進行形になるわけではなく、それぞれ別の時制です。

　また、日本語は全部「している」という同じ表現になるので、「普段」とか「今」といった単語を入れないと区別が難しいのですが、**英語は時制で区別している**ので、「usually」「now」は不要です。時制にそれらの情報が入っているのです。

　さらに、「最近よく〜している」を表す「have been ~ing（現在完了進行形）」という時制もあります。

# I've been eating out.
**（最近はよく外食している）**

　「have been ~ing」に「**最近よく〜している**」という意味が含まれているので、「recently（最近）」や「often（よく）」はまったく必要ありません。

## 「～していない」も時制はいろいろ

　日本語の「してない」も「**普段から**してない」や「**今**してない」だったり、「**昨日**してない」と過去のことだったりします。

　「してない」だから「not ～ing」だと**決め付けずに内容で考える**ようにしましょう。たとえば、p. 46の練習で取り上げた

　　**あっ！　お金をおろしてない。**

は、「普段してない」でも「今してない」でもなく、「おろし忘れた」「おろさなかった」ということなので、「過去・否定」と考えて

# I didn't get money out.

でした。

　では、次はいかがでしょう。

　　**私たちは別れてないよ。**

　これも「これまでに別れてない」と「これまでのこと」なので「過去・否定」と考えて

# We didn't break up.

そして、私の教室で最も正解率が低いお題は以下です。

**まだ夕飯作ってない。**

これも「これまでにしてない」と「これまでのこと」なので「過去・否定」と考えて以下になります。

# I didn't make dinner.

厳密には完了形が最も正しいですが、ネイティブは完了形も過去形も両方使います。

よくある間違いは「まだ作ってないということはこれから作るので、未来・否定」と考えて

✕ I am not going to make dinner. (これから夕飯作らない)

です。あなたは大丈夫でしたか?

───── 話せるコツ 05のまとめ ─────

「時制」は、日本語と英語は一致してないので、内容で考える。

# 「している」の練習

次の日本語を英語で言ってみましょう。
（答えは次ページ）

1. | 普段は6時に帰っている。

2. | そのことを今、考えている。

3. | 明日は家で仕事している。
「在宅勤務する」はwork from home。

4. | 最近はいっぱい残業している。
「残業する」は do overtime。

5. | 今日は仕事してない。

6. | 普段は料理してない。

7. | 彼は普段働いてない。

8. | まだやってない。

## I go home at six.
現在形にすれば普段の話になります。

## I'm thinking about that.

## I'm going to work from home tomorrow.

## I've been doing overtime.

## I'm not working.

## I don't cook.

## He doesn't work.
p. 46の2と同じことですね。

## I didn't do it.

「している」にだまされなくなったかな？

# あなたが気付いていない和製英語①
## ピアス

　和製英語はいろいろなところで取り上げられているので、知っている人も多いでしょう。しかしいまだに、日本人がまったく気付かずに使っている和製英語があります。

　たとえば、耳飾りの「ピアス」。「pierce」は実は「穴を開ける」「突き刺す」という意味の動詞です。物じゃないんです。

　I lost my pierce. と言うと「穴を開けるをなくした」のように、とっても変な意味になってしまいます。

　pierce の正しい使い方は
　**I got my ears pierced.**（耳に穴を開けてもらった）
　**I have pierced ears.**（耳にピアスの穴を開けているよ）
　です。

　そして「ピアス」は英語では「earrings」と言います。日本語で言う「イヤリング（穴を通さないやつ）」は「clip-on earrings」と言います。
　**I'm wearing earrings.**（ピアスを付けている）
　**I lost an earring.**（ピアスをなくした）

# 日本語に
# こだわらない

「脱・直訳」
して話せる
コツ

日本語に無理やり合わせようとして変な英語を作り出してしまう人が後を絶ちません。ついやってしまう「直訳」をしないで済む方法を具体的に見ていきましょう。これも超簡単にできるコツばかりなので、実践してみてください。

# 「シンプル和訳」で考える

 **Q** 「日本は治安がいい」を
英語で言うと?

　言いたいことが**英語で言えない1つの大きな原因は、日本語にこだわること**です。

　皆さんは日本語のネイティブスピーカー、つまり日本語のプロです。難しい日本語の表現は簡単に作れるけど、その難しい日本語を英語にするのが難しい。

　たまたま思い付いた日本語にこだわることで、自分で自分のハードルを上げてしまっています。

　そこで朗報です!

　実は、皆さんがすでに知っている英語でいろんなことが簡単に言えます。たまたま思い付いた日本語にこだわらずに、自分が知っている英語を使って言ってみましょう!

# 「シンプル和訳」で
# 日本語を簡単にしてみる

　日本語から考え始めず、英語から考えるようになると、英語は一気に楽になります。しかし、「日本語から始めるな!」と言われてもすぐにはできませんよね。

　そこで、日本語で考えるのではなく英語で考えることができるまでは、**もっと簡単な日本語に変える、つまり「シンプル和訳」をしてから英語にする**ことがお勧めです。

　たとえば、以下をシンプル和訳するとどうでしょう?

**昨年度、わが社の業績はよかったです。**

　「業績がよかったって?」と悩まずに、もっと簡単な日本語にしてみましょう。「業績がよかった」ということは、会社にとって「いい年だった」ってことですよね。そこで、以下のように言うのが自然です。

# We had a good year.

　「わが社」は簡単に「We」、よその会社ならTheyです。Have a nice day. (よい1日を) でおなじみの「have a＋形容詞＋時」というフレーズを使っただけです。「昨年度」を付け

るなら、次のようになります。

# We had a good year last year.

では、もうちょっと難度を上げてみましょうか。

**その理由が気になる。**

はどうですか。「気になる」の英語がわからないからといって諦めないでください。the reason は使う？　実は使わなくてもいけちゃうんです。

　「その理由が気になる」をもっとシンプルに言うと、「なぜかを知りたい」ってことですよね。これを英語にしてみましょう。

# I want to know why.

　I am curious about the reason for this. と考えるよりずっと楽でずっと自然です。

　I want to know the reason. でも OK ですが、上の文のほうが自然だし、why を他の疑問詞に入れ替えて応用もできるので便利です。

# I want to know why/where/how/who/what.

（理由／場所／方法／誰か／何かが気になる）

## 日本語にこだわらないとどんどん楽になる

どんどんいきましょう。

**日本は治安がいい。**

「治安」という日本語にさえこだわらなければ楽勝です！「治安がいい」ってことは「安全だ」ということですよね。そう、これが正解です。

# Japan is safe.

The safety in Japan is good. はとっても不自然。

**彼に報告しましたか?**

は、Did you report it to him? も正解です。ただ、もっともっと簡単に言うことができます。

# Did you tell him?

**（彼に言いましたか?）**

　これでもまったく問題ないですし、自然な英語です。「彼に報告したの?」という日本語からスタートすると言えないけど、「彼に言ったの?」という日本語からスタートすれば言えますよね。

**　今、話題になってます。**

　「話題になっている」は、つまり「みんながその話をしている」ということですね。

# Everyone is talking about it.

　「話題って英語で何と言えばいいだろう?」と考えずに、自分が知ってる英語で言えば問題なしです！　むしろ、こちらのほうが自然な表現です。

**　勤務時間は何時から何時?**

　「from what time until what time」とは言いませんよ。

# What are your hours?
**（勤務時間は?）**

your hoursで「勤務時間」を指します。そして、お店の「営業時間」も同じ英語です。

**部屋が狭い。**

は「narrow」じゃなくて、より簡単な「small」が正解。

# My room is small.

「部屋が広い」は「wide」じゃなくて、より簡単な「big」が正解です。「narrow」は「横幅が狭い」、「wide」は「横幅が広い」という意味で、部屋の大きさに対しては使いません。「small」「big」は誰でも知っている単語なのに、日本語の「狭い」「広い」から考えると、より難しい単語を使ってより不自然な英語を作りがちですね。

---
話せるコツ 06のまとめ
---

① 「シンプル和訳」で日本語をより簡単にしてみる。

② 自分が知っている語彙・表現で考えてみる。

# 「シンプル和訳」する練習

次の日本語を英語で言ってみましょう。
（答えは次ページ）

**1.** | ロンドンは治安が悪い。

**2.** | マレーシアは物価が安い。

**3.** | NYは物価が高い。

**4.** | 円安です。
「円が弱い」ということ。

**5.** | 営業時間は何時から何時まで?

**6.** | ゆっくり過ごした。

**7.** | 彼は今、話題の人です。

**8.** | 彼女はモテる。

## London is dangerous.
dangerousはnot safeでもOK。

## Malaysia is cheap.

## New York is expensive.

## The yen is weak.
「円高です」はThe yen is strong.

## What are your hours?

## I relaxed.
×I spent a slow time.なんて言いません。

## Everyone is talking about him.

## Guys like her.

「シンプル和訳」のコツはつかめたかな？

# 余計なものを加えない

 **Q** 「彼女は新人です」を
英語で言うと?

日本語から考えると、英語に余計なものを付け足しがちです。でも、たいていの場合は、最もシンプルな表現が最も自然です。Simple is best!

たとえば

**彼女は新人（新米）です。**

と言いたいときに、「new face?」「rookie?」「new employee?」などと迷ってしまいがちですが、最も自然な英語は

## She's new.

です！　これじゃ物足りないと感じますか？　「"new"だけでは"新人"の"新"しか言ってないじゃないか！」と思いますよね？　でも、これがいちばん自然だし、このように簡単に考

えたほうが英語は簡単に話せるようになるんです。

　形容詞は名詞を必要としません。つまり、I'm a hungry boy. と言わずに

# I'm hungry.

と言うのと同じです。大事なのは、「新人」の「人」という日本語にこだわらないことですね。

## 「旅行した」の言い方もいっぱいあるけど

では、次の日本語を英語にしてみてください。

**福岡に旅行しました。**

これはズバリ、

# I went to Fukuoka.

がいちばん簡単でいちばん自然です。

　「旅行した」という日本語にこだわると「take a trip?」「go traveling?」「travel to ~?」と迷ってしまいがちですね。

でも、実は

I took a trip to Fukuoka.
I went traveling to Fukuoka.

よりも

# I went to Fukuoka.

が一般的です。

ちなみに「出張旅行」なら

I took a business trip to Fukuoka.
（福岡に出張旅行をした）

よりも

# I went to Fukuoka on business.

のほうが自然ですよ。

───── 話せるコツ 07のまとめ ─────

日本語を全部英語で再現しようとするのではなく、できるだけ簡潔に言うことを心がける。

他にもいろんな例があります！　ぜひこちらのYouTube動画を観てみてくさい。

 「こうすれば実は超簡単に言える英語9選！」

# 余計なものを加えない練習

次の日本語を英語で言ってみましょう。
（答えは次ページ）

1. | 彼はお金持ちです。

2. | 彼女は美人です。

3. | 難問です。

4. | 新人ですか?

5. | 私はポジティブ思考です。

6. | 彼女は気難しい人です。

7. | イタリアに旅行したいな。

8. | どこに旅行したの?

He's rich.

She's beautiful.

It's difficult.
(a) questionは不要です。

Are you new?

I'm positive.

She's difficult.

I want to go to Italy.

Where did you go?

余計なものを付け加えないように！

# 知っているフレーズを再利用する

 **Q** 「どれくらい心配なの?」
を英語で言うと?

---

「How old are you?」という英語を知らない人はいないでしょう。

**何歳ですか?**

は何と言うの?と聞かれたら、瞬時に

## How old are you?

と答えられますよね。

「How old are you?」は決まり文句として頭に定着しているので、細かい文法の理屈を考える必要はないし、日本語に合わせて一言一句英語に変えようとする必要もないので、瞬時に答えられます。

ですが、

**どれくらいお腹空いている?**

は何と言うの?と聞くと、みんな答えられないのです。

## 決まり文句の一部を置き換える

「"どれくらい"は"How much"」「"お腹空いてる?"は
"Are you hungry?"」などと日本語に合わせて考えてしまい
ます。

でも、How much are you hungry? とは絶対に言わなく
て、正解は

# How hungry are you?

です。

How old are you?の**oldをhungryに置き換えるだけ**で
正解になります。日本語に合わせようとするほうが難しいし、
変な英語になってしまいます。

「old」は形容詞なので、同じ形容詞なら入れ替え可能です。

他にも、

**どれくらい心配なの?**

は

# How worried are you?

さらに「are you」を「is he」「is she」「are they」「is it」などに置き換えてみましょう。「are you」「is he」などをカタマリで意識していると、置き換えるのも楽々です。

**彼は何歳?**

は

# How old is he?

**彼女はどれくらい怒っている?**

は

# How angry is she?

**どれくらい長いの?**

は

# How long is it?

　細かい文法の理屈を考えずに済ませるためには、How old are you?のように**瞬時に言える表現の一部を置き換える**ことを考えてください。**1つの表現を再利用して、言えることを10倍、20倍に増やしましょう!**

―― 話せるコツ 08のまとめ ――

瞬時に言える表現の一部を置き換えて、
表現力を10倍、20倍にする。

実は「置き換えの術」が他にもいろいろあります!　ぜひこちらのYouTube動画を観てみてくさい。

「このコツで言えることが何十倍!」

# 表現を再利用する練習

次の日本語を英語で言ってみましょう。
（答えは次ページ）

**1.** | どれくらい具合悪いの?
「具合が悪い」はsickでOK。

**2.** | どれくらい遅れてるの?

**3.** | 自信のほどは?
「自信がある」はconfident。

**4.** | あなたたちはどれくらい親しいの?

**5.** | 身長何センチ?

**6.** | 体重何キロ?

**7.** | 彼女は妊娠何カ月?

**8.** | あなたの英語はどれくらいうまいの?

# How sick are you?

# How late are you?

# How confident are you?

# How close are you?

# How tall are you?

# How heavy are you?

# How pregnant is she?

「期間」ではなくて「度合い」を聞いています。

# How good is your English?

「再利用」のやり方はわかりましたよね。

# 五感動詞をうまく使う

 **Q** 「顔が疲れてるね」を英語で言うと?

「日本語にこだわらずに英語のフレームワークに沿って考えたほうが簡単な表現」と言えば、感覚を表す五感動詞の

**look**（見える）

**sound**（聞こえる）

**smell**（匂いがする）

**taste**（味がする）

**feel**（感触・気分）

もいい例です。たとえば

**おいしいです。**

は、It is good taste. ではなく

# It tastes good.

と言います。

## 五感動詞は「動詞」として使う

　この例を見ると**五感動詞の使い方**がわかります。上記の場合

- 「taste」を動詞として使う
- 「今のこと」なのに「現在形」で言う例外的な動詞である
- 形容詞をそのまま続ける

ということがわかります。五感動詞は動詞で使うのがポイントです。

　五感動詞は全部同じ使い方ですが、そこの「フレームワーク」は以下です。

## 主語＋五感動詞＋形容詞

　このフレームワークに内容を当てはめれば、日本語に惑わされずに、簡単にいろんなことが言えます。

たとえば、次はどうでしょう。

**まずい。**

先ほどの文のgoodをbadに変えて

# It tastes bad.

です。

**顔が疲れているね。**

は

# You look tired.

と言います。

「顔が」という日本語につられて「your face」と考えずに、**「主語＋五感動詞＋形容詞」**で考えましょう。

**声が疲れているね。**

は「音」なので、

# You sound tired.

です。

## I want toに続けるパターン

ちょっと応用してみましょう。

**若く見られたい。**

は？

# I want to look young.

と言います。

　日本語は「見られたい」と受け身なので、それに引っ張られてI want to be looked as young.と間違える人は多いけど、五感動詞のフレームワークに沿って考えれば間違えないし、ずっと簡単です。

───── 話せるコツ 09のまとめ ─────

五感動詞は、「主語＋五感動詞＋形容詞」の形で使うのが成功のコツ。

# 五感動詞をうまく使う練習

次の日本語を英語で言ってみましょう。
（答えは次ページ）

1. | 幸せそうだね。

2. | 顔色が悪いよ。

3. | 風邪声ですね。

4. | おいしそうな匂い！

5. | （彼のうわさを聞いて）頭が良さそうな人ですね。

6. | 感触が柔らかい。

7. | 食べたことがあるような味です。

8. | 賢く見られたい。

# You look happy.

# You look sick.
You look pale.でも正解。

# You sound sick.
これもsickでいけちゃいます。

# It smells delicious!

# He sounds smart.

# It feels soft.

# It tastes familiar.

# I want to look smart.
日本語は受け身でも英語は違います。

このフレームワークをどんどん応用してみて。

話せるコツ **10**

# 疑問詞をうまく使う

「週何回外食するの?」
を英語で言うと?

本当にしつこいようですが、日本語に合わせようとするほうが、英語で考えるより難しくなります。

たとえば、以下はどうでしょう?

**週何回外食しますか?**

「週何回?」だから「How many times in a week do you eat out?」と難しく考えてしまいがちですが、

# How often do you eat out?

のほうがずっと自然だし、ずっと簡単です。

しかも、in a weekを使わないので、期間の制限を加えないという意味でもよりいいでしょう。

たとえば、相手は年に2回しか外食しない人かもしれないのに「週何回?」と聞かれても困りますよね。

　「週何回」「月何回」「年何回」はすべて「How often」でいいのです。

## 「A is B」のシンプルな形も便利

　さらに、難しく考えずに「A is B」の構文で済んでしまうことも多いです。

　たとえば

**そのイベントが行われる頻度は?**

は「How often is the event held?」と難しく考えずに

# How often is the event?

です。また

**そのイベントは何時間くらい続くの?**

は

# How long is the event?

です。

言ってみれば

# How much is this?
**(これはいくらですか?)**

と同じ構文ですね。

他にも

**どこにあるの?**

を「Where is it located?」と考える人は多いけど、

# Where is it?

のほうが簡単で自然です。

また

**お祭りはいつ開かれるの?**

と聞く場合は

When is the festival going to be held?よりも

# **When is the festival?**

のほうが一般的です。

─── 話せるコツ 10 のまとめ ───

疑問詞を使った疑問文も、日本語に引っ張られずにシンプルに考える。

# 疑問詞をうまく使う練習

次の日本語を英語で言ってみましょう。
（答えは次ページ）

1. | 月何回外食するの?

2. | 年に何回旅行するの?
「旅行する」はgo travelingで。

3. | 1日に何回歯を磨くの?

4. | どれくらい起こることですか?

5. | そのレストランはどこにあるの?

6. | そのイベントはいつ行われるの?

7. | パーティーは何時から始まるの?

8. | そのミーティングは何時間続いたの?

How often do you eat out?

How often do you go traveling?

How often do you brush your teeth?

How often does it happen?

Where is the restaurant?

When is the event?

What time is the party?

How long was the meeting?

自分でも疑問詞を使って質問してみて。

## あなたが気付いていない和製英語②
## バリアフリー

---

　日本人がまったく気付かずに使っている和製英語をもう一つ。

　「バリアフリー」は英語では、「wheelchair friendly（車椅子に対して好意的）」と言います。

**The building is wheelchair friendly.**（その建物はバリアフリー）

　「~ friendly」はおなじみですよね。このfriendlyを使った言い方はたくさんあります。

**pet friendly**（マンションなどが）ペット可
**tourist friendly**（観光客が歓迎される[お店など]）
**user-friendly**（ユーザーに優しい→ 使い勝手がいい）
**kid-friendly**（子供が歓迎される[お店など]）
**eco-friendly**（エコ）
※ ecoだけでは通じないのでご注意を

# 難しく考えない

「脱・直訳」
して話せる
コツ

学校ではけっこう難しい単語や表現を習います。
でも、会話でそれらを使うと不自然になるケース
がたくさんあります。むしろ、簡単な単語やおな
じみの表現を、ちょっと工夫して使ったほうが、
表現力を何十倍にも増やせるのです。

# シンプルに考える

**「彼女から電話があった」を英語で言うと?**

日本語から訳そうとすると、どうしても難しく考えてしまいます。そして、難しく考えると、より不自然な英語になってしまうのがオチです。

たとえば

**彼女から電話があった。**

は

## She called.

と言います。

SVOで考えると (この場合Oは不要ですが) とっても簡単にできますし、日本語を直訳した「There was a call from her.」

よりもずっと自然です。

**お電話があったことを伝えます。**

は

# I'll tell him you called.

と言います。I'll tell him that you called. のthatが省略された形ですが、そんなに難しく考えず、**I'll tell him に you calledを足せばいいとだけ考えて**ください。ネイティブも「ここはthat省略だな」なんて、いちいち考えていませんよ。

## 単語もシンプルに考える

構文だけじゃなくて、単語もそうです。

たとえば

**彼がネックレスをプレゼントしてくれた。**

と言いたくて「He presented me with a necklace.」と考える人は多いです。でも、

# He gave me a necklace.

のほうがずっと自然です。すでに登場した

**彼に報告しましたか?**

は「Did you report it to him?」も正解ですが、「報告する」
にこだわらずに

# Did you tell him?

だけでも大正解でした。また

**所在地はどこですか?**

は

# Where is it?

が正解でしたね。「Where is it located?」もあり得ますが、
使用頻度はより低いです。

**高校生だった頃はシャイだった。**

は「I was shy when I was a high school student.」よりも

# I was shy in high school.

のほうがずっと自然だし、ずっと簡単です。

**けがはしていません。**

は、もっとシンプルに考えて

# I'm OK.

だけで問題なし！

## 日本語につられて不要な語を足さない

「どんな～」は「What kind of ～」と学校で教わりますよね？
でも

**どんなスポーツが好きですか?**

と言うときは、以下が一般的です。

# What sports do you like?

What kind of sportsにすると「どんな種類のスポーツ」とい

う意味になります。

A: What sports do you like?
B: I like soccer. (サッカーが好きですね)

A: What kind of sports do you like?
B: I like ball sports. (球技が好きですね)

　言われてみれば確かにという感じですよね。よりシンプルに考えるくせが付くと英語の間違いは減ります。

**好きな食べ物は?**

も

# What food do you like?

**どんな音楽が好き?**

も

# What music do you like?

　ただ、これはジャンルを聞いているので、What kind of music ~ としても変ではありません。それでも、What music のほうが一般的です。

では、以下はどうでしょう?

**私のどういうところが好き?**

# What do you like about me?

日本語に引っ張られて「Which aspect of me do you like?」と難しい単語を使って答える人が多いのですが、これはとっても不自然です。

---
話せるコツ 11のまとめ
---

① 構文も語彙もできるだけシンプルに考える。

② 日本語につられて不要な語を足さない。

# シンプルに考える練習

次の日本語を英語で言ってみましょう。
（答えは次ページ）

1. | それはいつ行われますか?

2. | その祭りは何日やりますか?

3. | 電話があったことだけ伝えてください。

4. | 大学時代に野球をやっていた。

5. | 小学生だった頃は背が低かった。

6. | けがはないですか?

7. | どんな映画が好き?

8. | 日本のどういうところが好き?

When is it?

How long is the festival?

Just tell him I called.

I played baseball in college.

I was short in elementary school.

Are you OK?

What movies do you like?

What do you like about Japan?

自分でハードルを上げないでね！

# 形容詞をうまく使う

**Q** 「失礼な態度をとらないで」
を英語で言うと?

**失礼な態度をとらないで。**

は英語で何と言うでしょう?「態度はattitude ? behavior ?」
「"とらないで"の動詞は何を使えば?」といろいろ考えてしま
いますよね?

でも、実は、難しく考える必要はありません。

# Don't be rude.

が正解です。

## 形容詞ならbeとだけ考える

Don'tの後に続くのは、動詞の原形です。形容詞を使い

たい場合は「be」が必要です。ここまではよく知られた話ですが、ここで強調したいのは**「形容詞ならbeとだけ考える」**ことです。

　**失礼なことをしないで。**

も

　**失礼なことを言わないで。**

も

　**失礼な態度を取らないで。**

も全部

# Don't be rude.

と言います。

　日本語から直訳した「Don't do a rude thing.」や「Don't say a rude thing.」「Don't have a rude attitude.」よりもずっと自然で簡単です。

　同じように、次はどうでしょう?

　**正直になってもいいですか?**

これは

# Can I be honest?

が正解です。では、以下はどうでしょうか。

**正直に話してもいいですか?**
**正直に答えてもいいですか?**

もうおわかりですね。これらも形容詞honestを使うので、「形容詞ならbe動詞」とだけ考えて

# Can I be honest?

でいいのです。

> ## 「性格」を表す形容詞は
> ## 「普段」と「今」を使い分ける

be動詞は通常、「普段」も「今」も同じ表現になります。

**普段忙しい。** も
**I'm busy.**
**今忙しい。** も
**I'm busy.**
と言います。

　しかし、**「性格」を表す形容詞**だけ、**「今のこと」ならbe動詞を進行形にします。**

**彼は普段優しい／優しい人だ。**は
**He's kind.**

**彼は、今日は優しい／今優しいことを言っている。**

なら、以下のようにします。

# He's being kind.

この点だけ注意してくださいね。

―――― 話せるコツ 12 のまとめ ――――

① 日本語にこだわらずに「形容詞なら be」とだけ考える。

② 性格を表す形容詞は「普段」と「今」 を使い分ける。

# 形容詞をうまく使う練習①

次の日本語を英語で言ってみましょう。
（答えは次ページ）

**1.** | 正直に答えて。

**2.** | 賢くやってね。

**3.** | ポジティブに考えましょう。

**4.** | わがままを言わないで。
「わがままな、自分勝手な」はselfish。

**5.** | ケチらないで！
「けち」はcheapがいちばん自然。

**6.** | バカな真似はやめて。
「ばかな、おろかな」はstupid。

**7.** | 謙遜しないで。
「謙虚な、控えめな」はmodest。

**8.** | 自信を持ちたい。

Be honest.

Be smart.

Let's be positive.

Don't be selfish.

Don't be cheap!

Don't be stupid.

Don't be modest.

I want to be confident.

いろんなことが言えるのでもう1セット！

# 形容詞をうまく使う練習②

次の日本語を英語で言ってみましょう。
（答えは次ページ）

**1.** 真面目にやってくれる?

「真面目、勤勉」はdiligent。

**2.** 彼は今、ばかなことを言っている。

**3.** 彼女は今、ネガティブなことを言っている。

**4.** 君は考えが甘い。

「考えが甘い、世間知らずの」はnaive。

**5.** 彼は今、意地悪を言っている。

「意地悪な、不親切な」はmean。

**6.** 君は浅はかなことを言っている。

「浅はかな、底が浅い」はshallow。

**7.** 娘は今日、気難しい子になっている。

**8.** 上司は傲慢な発言をした。

「傲慢な」はarrogant。

**Can you be diligent?**

**He's being stupid.**

**She's being negative.**

**You're being naive.**
普段のことでなく、個別の考えについてなら進行形。

**He's being mean.**

**You're being shallow.**

**My daughter is being difficult.**

**My boss was arrogant.**

beingの使い方はわかりましたか？

# getをうまく使う

## 「お腹が空いてきた」を英語で言うと?

　話せるコツ 12 で守備範囲の広い「be 動詞＋形容詞」の使い方を取り上げましたが、この be を get に代えるとさらに表現の幅が広がります。

　be と get の違いは以下です。

● be は「変わらない状態」（〜である・している）
● get は「そうなるという変化」（〜になる・する）

　たとえば、

● 「風邪をひいている」状態は、be sick
● 「風邪をひく」は変化なので、get sick

　同じように

- 「結婚している」「既婚者です」は、be married
- 「結婚する」「既婚者になる」は変化なので、get married

「起きる」でおなじみの「get up」も変化だから「get」なのです。「起きている」状態は「be up」と言います。

## 「なりつつある」「なってきた」

「変化」を表す「get」を「〜している最中」を表す進行形にすると、**変化の最中、変化の途中**、つまり**「なりつつある」「なり始めた」「なってきた」という意味**になります。

**お腹が空いてきた。**

は

# I'm getting hungry.

です。

―― 話せるコツ 13のまとめ ――

「be動詞＋形容詞」は状態、「get＋形容詞」は変化。

**1.** 迷子にならないで。
「迷子になる」はget lost。

**2.** 風邪を引かないで。

**3.** 結婚したい。

**4.** 起きてるよ。

**5.** 慣れてきた。
「〜に慣れる」はget used to 〜。

**6.** 風邪の引き始めだ。

**7.** 風邪が治りかけてきた。

**8.** お酒がまわり始めた。
「酔っ払い始めた」と考えてみよう。

Don't get lost.

Don't get sick.

I want to get married.

I'm up.

I'm getting used to it.

I'm getting sick.

I'm getting better.

I'm getting drunk.

beとgetの違いを感じられたかな？

# 文にちょい足しする

 **Q** 「準備万端で来てね」を英語で言うと?

　実は、日本ではほとんど知られてないけれど、大変便利な応用方法があります。たとえば、以下は何と言うでしょう?

**朝起きたら有名人になっていた。**

なんと!

## I woke up famous.

でいいのです。文法書によく載っているI awoke to find myself to be famous.なんて言いません。

I woke up（起きた）＋ famous（有名である状態で）

　このように文に形容詞を付け足すだけで、いろんな内容を超簡単に言えてしまいます。

※「famously」と「副詞」にしないといけないと思う人もいるかもしれませんが、それは間違いです。副詞は動詞を修飾しますが、「起き方が有名」と言いたいわけじゃなくて「起きたら有名である状態だった」と言いたいので、副詞じゃなくて、形容詞です。

**彼がお腹を空かせて帰ってきた。**

は

# He came home hungry.

He came home.という文に「hungry」を付け足すだけです。簡単ですよね。

## どんな文でもちょい足し可能

完結している文であれば、どんな文でもちょい足し可能です。次の否定文ならどうでしょう。

**彼が怒っているのを見たことがない。**

I've never seen him.（彼を見たことがない）＋ angry（怒っている状態で）で

# I've never seen him angry.

となります。

疑問文もやってみましょう。

**彼が酔っ払うとどうなるの?**

は、What's he like? (どんな人?) ＋ drunk (酔っ払っている状態で) で

# What's he like drunk?

と言います。

じゃあ、命令文もやってみましょう。

**準備万端で来てね。**

は、Come. (来てね) ＋ ready (準備ができている状態で) で

# Come ready.

です。めちゃくちゃシンプルに言えますよね。

——— 話せるコツ 14のまとめ ———

文に形容詞をちょい足しすると、複雑な日本語でも簡単に英語にできる。

「ちょい足し」の応用方は全部で3種類あります！　詳しく知りたい方はぜひこちらの動画をご覧ください。

「3つの超簡単な応用でらくらく話せる！
" 奇跡の応用 "」

1. | 彼は上機嫌で帰ってきた。

2. | 朝起きたら風邪だった。

3. | 朝起きたら筋肉痛だった。
「筋肉痛」はsore。

4. | 彼が怒るとどうなるの?

5. | 準備ができてない状態で会議に出た。
「準備ができていない」はnot ready。

6. | ビールは冷たいほうがうまい。

7. | 起きて何しているの?

8. | モチベーションが高い状態で会社に
行った。「モチベーションが高い状態」はmotivated。

He came home happy.

I woke up sick.

I woke up sore.

What's he like angry?

I had a meeting not ready.

Beer tastes better cold.

What are you doing up?

I went to work motivated.

学校ではなかなか教えてくれないですよね。

# 知ってるフレーズを
# 応用する①

 **「高そうに聞こえる」**
**を英語で言うと?**

　日本語に合わせて無理に英語を話してもうまくいきません。自然な英語を話すための一つの簡単なコツを紹介しましょう。それは、**もともと知っているフレーズの一部を別の内容に変える**ことです。

　たとえば、「かっこいい」という意味の「good-looking」という単語は割と知られていると思いますが、「good」という形容詞を別の形容詞に置き換えて応用します。

## **good-looking**（かっこいい）

## **kind-looking**（優しそうな）

## **scary-looking**（怖そうな）

これらはどれも日常会話でとてもよく使います。

## 「‐」ハイフンの前後を入れ替えて 応用無限大

また、「looking」を「sounding」などの別の五感動詞に
置き換えて応用することも可能です。

## **foreign-sounding**（外国っぽい響きの）

## **expensive-sounding**（高そうに聞こえる）

good-lookingだけで終わるのはもったいないことがわか
りますよね。

五感動詞じゃなくても、次のように展開できます。

## **hard-working**（よく働く）

## **slow-talking**（ゆっくりしゃべる）

## **south-facing**（南向きの）

## **whiskey-drinking**（ウイスキー飲みの）

このように、可能性は無限大です。

ここでポイントです。この表現は必ず「動詞のing」で終わります。「SVO」などの通常の理屈は関係ありません。

　たとえば、上記の内容を文にすると逆の順番になります。

good-looking ➡ He looks good.（彼はかっこいい）
expensive-sounding ➡ It sounds expensive.
（高そうだな）
hard-working ➡ He works hard.（彼は一生懸命働く）
south-facing ➡ My balcony faces south.
（バルコニーは南向きです）

　さらに、文の場合は、He talks slowly.と「ly」があっても、×「slowly-talking」ではなくて、○「slow-talking」になります。

　おなじみの「heart-warming」も同じ構造です。

# heart-warming（心を温める）

　文にするとIt warms my heart.なので、厳密には「心が温まる」ではなく「心を温める」という表現なんですね。

　他にも、より上級の応用も可能です。

**mouth-watering**（よだれが出るほどおいしそう）

**time-consuming**（時間を消費するような）

**self-deprecating**（自虐ネタの）

**game-changing**（画期的な）

以上はすべて形容詞です。

―――― 話せるコツ 15のまとめ ――――

good-lookingのgoodとlookingを入れ
替えて、無限の表現力を手に入れる。

# フレーズを応用する①の練習

次の日本語を英語で言ってみましょう。
（答えは次ページ）

**1.** 南向きのバルコニーがある。

**2.** 英語圏の国に住みたい。

**3.** 彼はオスカー賞受賞監督です。

**4.** おいしそうな食べ物がいっぱい。

**5.** 私たちは画期的なアプリを作った。

**6.** 「目からうろこ」的な体験だった。
「目からうろこ的な」はeye-openingと言います。

**7.** そのバーは、大きな声でしゃべっているビジネスマンでいっぱいだった。

**8.** 彼は自虐ネタのジョークを言った。
「自虐ネタの」はself-deprecating。

I have a south-facing balcony.

I want to live in an English-speaking country.

He's an Oscar award-winning director.

There's so much delicious-looking food.

We made a game-changing app.

It was an eye-opening experience.

The bar was full of loud-talking businessmen.

He told a self-deprecating joke.

Chapter

**4**

難しく考えない

次のユニットでは過去分詞を応用。

# 知ってるフレーズを
# 応用する②

**Q** 「あまり知られてない」
を英語で言うと?

---

## 過去分詞も応用無限大

話せるコツ 15 で紹介した「good-looking」などは末尾が
「ing」ですが、「～された」という「受け身」の意味にしたけ
れば「過去分詞」を使います。

たとえば、おなじみの「hand-made」は「手で作られた」
という受け身の意味なので、「hand-making」ではなくて
「hand-made」と動詞の過去分詞で終わります。

# hand-made（手で作られた、手作りの）

ここでもhandの部分とmadeの部分を入れ替えて応用し
てみましょう。たとえば、well-knownは「よく知られて」い
ますよね。でも「little-known（あまり知られてない）」はあまり

知られてないと思います。

# well-known（よく知られている）

# little-known（あまり知られてない）

さらに、littleをlesserに替えて「lesser-known（より知られてない）」とすると、何かと比較することもできます。

# lesser-known（より知られてない）

「homemade cake」の反対は「store-bought cake」です。

# homemade cake（自家製の）
※ハイフンなしが普通

# store-bought cake
（店で買った、市販の）

「店で買った」は、受け身という感じはしないけれど、ケーキを主体に考えると、お店で「買われている」わけなので、受け身になるのです。

関係代名詞で言うと
「the cake that I bought at the shop」ではなくて

「the cake that was bought at the shop」をベースにしている感覚ですね。

「home-grown」（家で育てた）は「家で育てた野菜（家庭菜園）」以外に「地元産の・国産の」という意味でも使うし、「地元の（アーティストなど）」と言うときにも使います。

# home-grown vegetables
**（家で育てた野菜）**

# home-grown rice（国産米）

# home-grown artist
**（地元のアーティスト）**

「sun-dried」は「太陽に乾かされた」ということで「日干し（干物）の」のこと。「deep-fried」は「揚げられた〜」、「stir-fried」は「炒められた〜」ですが、どちらも「fried」に省略されることも多いです。

# sun-dried raisin（干しブドウ）
# deep-fried chicken
# →fried chicken（鳥の唐揚げ）

# stir-fried rice
# → fried rice（チャーハン）

　MILKFED. (milk-fed) という有名な洋服ブランドがありますが、「fed（食物を与えられた）」は「feed（食物を与える）」の過去分詞です。「 milk-fed 」は「ミルクを飲まされた」ということで、つまり「母乳育ち」という意味です。

　同じように「grass-fed」は「牧草で育てられた」という意味です。

　海外ではこれを売り文句にしているメーカーやお店が多くて、レストランのメニューにもよく「grass-fed beef」と書かれています。「grain-fed beef（穀物で育てられた牛）」より健康的な牛だということです。

# grass-fed beef（草で育てられた牛の肉）

# grain-fed beef（穀物で育てられた牛の肉）

--- 話せるコツ 16 のまとめ ---

hand-made の hand と made を入れ替えて、無限の表現力を手に入れる。

1. | 手作りチョコを彼にあげた。

2. | 彼には店で買ったケーキをあげたくない。

3. | 穴場的なおすし屋に行った。
「穴場的な」は「よく知られていない」と考えてみよう。

4. | より知られてない、ベン・アフレックの弟が好きだ。

5. | 地元のバンドが見たい。

6. | 野菜炒めを食べた。
「強火で素早く炒めた」はstir-fried。

7. | この牛肉は牧草で育てられたんですか?

8. | 内村は見たこともないような跳び技をした。　跳び技はflyaway move。

I gave him hand-made chocolates.

I don't want to give him a store-bought cake.

We went to a little-known delicious sushi restaurant.

I like Ben Affleck's lesser-known brother.

I want to see some home-grown bands.

I ate stir-fried vegetables.

Is this beef grass-fed?

Uchimura did a never-before-seen flyaway move.

無限の可能性を実感してもらえたかな？

# 「動詞＋er」をうまく使う

 **Q** 「彼は飲み込みが遅い」
を英語で言うと？

「動詞」に「er」を付けると「〜する人」という意味になるのはご存じですよね。

たとえば、運転する人は「driver」。踊る人は「dancer」など。実は、これをうまく使うと、英語がすぐに浮かんでこない表現も簡単に言うことができます。

まずは「上手」「下手」という使い方です。

**彼は運転が上手。**

は

# He's a good driver.

「彼はいい運転手だ」という意味ではなくて、「彼は運転

が上手な人」という意味です。

**歌が下手です。**

は

# I'm a bad singer.

「ダメな歌手だ」と言っているわけじゃなくて「歌が下手だ」という意味です。

## 「動詞＋er」で「〜な人」と置き換える

他にも

**彼は飲み込みが遅い。**

は、「飲み込みが遅い人」と考えて

# He's a slow learner.

逆に、以下なら？

**彼は飲み込みが速い。**

# He's a fast learner.

です。

他にも

**彼女は話すのが速い。**

は

# She's a fast talker.

どんな人でも「動詞＋er」で言えるような気になってきませんか？ じゃあ、ちょっと難度を上げてみましょうか。

**彼は食べ散らかす。**

は

# He's a messy eater.

彼はおしゃれさん。

# He's a snappy dresser.

彼女は人前で話すのが得意。

# She's a good public speaker.

こんな具合に「動詞＋er」をどんどん使ってみましょう。

―― 話せるコツ 17のまとめ ――

人の特徴は、「動詞＋er」で「〜な人」という形にすれば簡単に言える。

1. | 私は聞き上手。

2. | 私は遅咲きだった。
「咲く」はbloom。

3. | 睡眠時間が短い人です。

4. | 彼は食べ物の好き嫌いが激しい。
「好き嫌いが激しい」は「fussy」という形容詞。

5. | 彼は食べるのが遅い。

6. | あなたは嘘が下手だね。

7. | 彼女は飲み込みが速い。

8. | 泳ぎが得意なほうですか?

**I'm a good listener.**

**I was a late bloomer.**

**I'm a short sleeper.**

**He's a fussy eater.**

**He's a slow eater.**

**You're a bad liar.**

**She's a fast learner.**

**Are you a strong swimmer?**
strongはgoodでもいいですよ。

**簡単だけど、どんどん応用できるでしょ？**

# 文法を味方にする

 **Q** 「私があなただったら断る」
を英語で言うと?

　文法は「守らなきゃいけないただのルール」ではなくて「**い
ろんな意味やニュアンスを表す便利ツール**」として考えましょ
う!

　たとえば、Chapter 2の「時制」もそうですが、「nowを
使うときは進行形を使わないといけない」という考え方は逆
説的で、「進行形にすれば"今"という意味になるからnow
はいらない」が正しい文法感覚です。

## a friend = one of my friends

　冠詞の使い分けが苦手な人は多いでしょう。でも、冠詞
を利用すれば表現を簡単にすることも可能です。

　「a」は「**2つ以上ある中の、特定じゃない1つ**」を表します。

ですから、「友達のうちの1人」はone of my friendsと言わなくても、a friendでOK。これで、友達は2人以上いて、その中の1人なんだ、ということがわかります。

**何かスポーツを始めたら?**

は

# Why don't you take up a sport?

「何かスポーツを」という日本語に引っ張られて、「something sport」と間違えてしまいがちですね。「何かスポーツを」は、スポーツがいろいろある中のどれか1つを表すので、「a」を付けるだけで完璧に表せます。

## The peopleで「現地の人」

「the」は「特定なもの」を表し、「その〜」「そこの〜」のようなニュアンスです。文脈があれば、「the」だけで意味を伝えられることも多いです。

たとえば、I went to Spain.（スペインに行った）という文脈で、The people 〜と言うだけで、「現地の人は」という意味にな

ります。

# I went to Spain. The people were friendly and the food was so nice.

（スペインに行った。現地の人はフレンドリーだったし、現地の食べ
　物はとてもおいしかった）

The food ~は、「現地の食べ物は」という意味です。
There's foodとかThe food of thereという言い方は間違
い。The local foodは正解ですが、The foodだけでOKな
のです。

## wouldをうまく利用しよう!

「あくまで仮の話」「現実じゃない話」を表す「仮定法過去」
の「would」を使うだけで済むことがたくさんあります。

たとえば

**私があなただったら断るね。**

と言いたいときに学校では

# If I were you, I would say no.

と教わります。これも大正解ですが、

# I would say no.

とだけ言うほうが一般的です（p. 166も見てください）。**「would」を使うだけで「もし私がその状況なら」「私があなたなら」という意味が込められる**のです。「would」があれば「if I were you」はいりません。

アドバイスを聞くときは

# What would you do?
**（あなたならどうする?）**

と言います。相手は実際にその状況にいないので、ここでも「仮の話」を表す「would」を使います。

ちなみに、自分も相手も同じ状況なら

# What are you going to do?

（あなたはどうする？）

と普通の未来形を使います。

また、アドバイスをするときも

# I would say yes.

（もし私がその状況なら応じるね）

# I wouldn't go.（私だったら行かないね）

のように「would」を使うだけで「私だったら」というニュアンスになります。しかも「would」に続けるのは動詞の原形なので、すごく簡単ですね。

## wouldn'tも便利

さらに、友人から「どうしたの？」と聞かれたときに

**説明してもあなたにはわからないだろうから説明するつもりはない。**

と言いたければ

# You wouldn't understand.

と言います。

「would」を使うことで、「もし説明したとしても」という「あくまで仮の話」、つまり「実際は説明しない」ということになります。「wouldn't」を使うだけで**「するつもりはない」「しない」ことを前提に話している**ことを伝えられるのです。

ちなみに

# You're not going to understand.
**（あなたにはわからないだろう）**

と言うと「今から説明するけど、あなたにはわからないだろう」というニュアンスになります。

告白されて断るときは

# We wouldn't work out.
**（私たちはきっとうまくいかないでしょう）**

が定番フレーズ。「work out」は「関係がうまくいく」という意味ですが、「うまくいくかどうか」はもし付き合ったらの話。「would」を使うことで「実際は付き合わない」と伝えています。

## 「まさか!」のwould

他にも「まさか!」のような意味で「would」を使います。たとえば

**いったい誰がそんなもんを買うわけ?（まさか買わないよね?）**

は

# Who would buy that?

と言います。「would」1つで **「いったい」「～するわけ?」** とあきれ驚くニュアンスを表しています。

「仮の話」を表す「would」は、このように「ありえない!」という意味も表せるんです。上の例文のような **「まさか」** のニュアンスを表すのにぴったりです。

**「まさか」は日本語では「単語」で表しているけど、英語には「まさか」という単語はなくて、「文法」で表しています。**

「仮定法なんて難しそう……」と思わずに、気軽に使って
みてください。

---
**話せるコツ 18のまとめ**

① aとtheを使うと簡単にできる表現が
　ある。

② wouldを使えばif節がいらなくなるし、
　「まさか!」のニュアンスも表現
　できる。
---

「would」もまたいろんな面白い使い方があります!　ご興味
があればぜひこちらのYouTube動画を観てみてくさい。

「生きたフレーズで理解しよう! 仮定法過去」

# 冠詞とwouldを使う練習

次の日本語を英語で言ってみましょう。
（答えは次ページ）

1. | 同僚の1人が青森出身です。

2. | 現地の人はフレンドリー。

3. | そこの魚介類は超おいしい。

4. | あなたが私と同じ状況なら何と言う?

5. | 私があなたなら別れるね。

6. | 私が同じ状況だったら彼に言わない
   | かな。

7. | いったい誰がそんなの信じるわけ?

8. | 誰だって怒るでしょう!
   「いったい誰が怒らないわけ?」と考えてみよう。

A coworker is from Aomori.

The people are friendly.

The seafood is amazing.

What would you say?

I would break up.

I wouldn't tell him.

Who would believe that?

Who wouldn't be angry?

Chapter

**4**

難しく考えない

少しずつ文法を味方にしていきましょう！

# 語彙力がなくてもWH名詞節で何でも言える!

**Q** 「犯人は特定されていない」
を英語で言うと?

　「WH名詞節」は、難しい文法として意識してしまう人もいると思いますが、実は、英語を簡単にしてくれる強力な助っ人なんです。

　WH名詞節を使えば、難しそうな内容でも、簡単な単語だけで言うことが可能です。たとえば、

**世の中は知識より人脈**だ。

は

# It's not what you know, it's who you know.

と言います。「知識」を簡単な単語で言うと「what you

know（何を知っているか）」、「人脈」は「who you know（誰を知っているか）」で表せます。難しい単語は必要ありません。

**犯人は特定されていない。**

は英語で

# They don't know who did it.

と言えます。They don't know（彼らは知らない）の「They」は警察などを表してますが、「犯人」は「who did it（誰がやったか）」とWH名詞節と言うのが一般的なんです。

　WH名詞節は一見難しそうですが、使い方に慣れると簡単な単語だけで何でも言えるようになるので、初級者のとっても強い味方です。では、作り方を見ていきましょう。

## ①疑問詞＋文が基本の形

**疑問詞**（what、where、who、howなど）**＋文**（I did it のような文）が基本の形です。

**行き先がまだ決まってない。**

は

# I don't know where I'm going to go.

と言います。「行き先 = destination」が出てこなくても大丈夫ですし、この文のほうがずっと自然な英語なのです。

**疑問詞**「where」**＋文**「I'm going to go」
という構文になっています。

ここでちょっと引っ掛け問題。以下の文はどういう意味でしょう?

# I don't know how you do it!

「どうやってやったかわからない!」と間違った解釈をする人がほとんどです。でも、時制が現在形なので「普段からしていること」を表していますよ。

「いつもどうやってそれをやっているかわからない」が直訳ですが、「**いつもすごいですね!**」と相手の行いに対して感心する一言です。

厳しいノルマを毎月毎月達成しているビジネスパーソンにも、子供を4人育てているシングルマザーにも使えます。

疑問詞「how」＋文「you do it」

という構文ですね。

## ②疑問詞what、whoが目的語の場合

たとえば

**人は無い物ねだりするもの。**

は

# We want what we don't have.

と言います。

whereやhowは目的語じゃないので、「文が続く」とだけ考えればいいのですが、上の「what」はwe don't haveの目的語なので、haveで終わっています。

「have」には必ず目的語が続きますが、疑問詞whatやwhoには目的語が含まれているので、「have」のあとに目的語がいらなくなるのです。

**how** + you do **it**
疑問詞　　文

**what** + we don't have
疑問詞　　文

上の２つの文で、色のついている単語が目的語です。

**彼女の好きな人がわからない。**

は

# I don't know who she likes.

と言います。

　「like」も目的語が必要な動詞ですが、ここでは「who」が likeの目的語なので、「likes」には何も続いてないですね。

## ③疑問詞what、whoが主語の場合

たとえば

**誰が勝つかわからない。**

は

# I don't know who's going to win.

と言います。

　「誰が」と言っているわけなので「who」が主語です。この場合は、He's going to win. という「文」の「He」を「Who」に置き換えている、と考えれば簡単です。「who」が主語なので、他に主語があったら変ですね。

**誰が普段料理しているかわからない。**

はどうでしょう?

# I don't know who cooks.

これも「He cooks.」という文の「He」を「who」に置き換えるだけです。

　「what」「who」はhe、she、itと同じ使い方です。現在形なら動詞に三単現のsが付くし、be動詞は「is」になります。なので、「what」「who」は「he」「she」「it」の代わりに置き換えると考えましょう。

どの口が言っているの?

は

# Look who's talking.

と言います。直訳は「誰が話しているか見てよ」ですが、これで「あなたが言えた義理じゃないでしょう」と非難する意味になります。「who's talking（誰が話しているか）」は「He's talking.（彼が話している）」の文と同じ形ですね。

**これからどうなるかわからない。**

は

# I don't know what's going to happen.

と言います。「what's going to happen（何が起きるか）」は「It's going to happen.（それが起きる）」と同じ形ですね。

## ④「WH名詞節」が文全体の主語の場合

さらに、WH名詞節は文の主語にもできます。

たとえば

**服装は自由です。**

は

# What you wear is up to you.

と言います。× Clothing is free. ではありませんよ。

　「It is up to you.」は「君が決めていいよ」「お任せします」「君次第だよ」という意味でよく使う表現ですが、例文は「It」の代わりに「What you wear（君が何を着るか）」を主語にしています。

**起きたことはしょうがない。**

は

# What happened happened.

　「起きたことは起きた」が直訳ですが、「起きたことはもう変えられない」という意味の決まり文句です。

　これは「It happened.（それが起きた）」の「It」の代わりに「What happened（起きたこと）」を主語にしています。

さらに、「A is B」のような超シンプルな構文でも、「A」も「B」もWH名詞節にすればいろんなことが簡単に言えます。たとえば

**裏表がない。**

は

# What you see is what you get.

　「見えるものは得るものです」が直訳で、「見たまんまの人・物だ」「何も隠されていない」「裏表がない」という意味のフレーズです。

──── 話せるコツ 19のまとめ ────

「WH名詞節」を使えば、語彙力がなくても、簡単な単語だけで何でも言える。

「WH名詞節」を使って簡単な単語だけでどこまで話せるかについてのYouTube動画も作りましたので、ぜひ観てみてください。

「語彙力なくても何でも言える！WH名詞節の素晴らしさ」

## WH名詞節に慣れる練習①

次の日本語を英語で言ってみましょう。
（答えは次ページ）

**1.** | 先方の反応が予測できない。
「先方の反応」は「彼らが何を言うか」と考えよう。

**2.** | 彼らが怒っている理由がわからない。

**3.** | 彼が考えていることはわかる。

**4.** | 反省しなさい。
「自分のしたことを考えなさい」と考えよう。

**5.** | 食生活に気を付けています。

**6.** | 安物買いの銭失い。
「払った分だけ手に入る」と考えよう。

**7.** | 覚悟の上で挑んだ。
「〜に挑む、足を踏み入れる」はget into 〜。

**8.** | 彼女のその言い方が嫌だった。

I don't know what they're going to say.

I don't know why they're angry.

I know what he's thinking.

Think about what you did.

I'm watching what I eat.

You get what you pay for.

I knew what I was getting into.

I don't like how she said it.

難しい単語がいらないのがわかりますね。

# WH名詞節に慣れる練習②

次の日本語を英語で言ってみましょう。
（答えは次ページ）

**1.** 適当に話しているわけじゃない。
「自分の話していることはわかっている」と考えよう。

**2.** これからどうなるかわからない。

**3.** 人の発言じゃなくて行動で判断しよう。

**4.** どこに行くかは何をしたいかにもよる。

**5.** 話す内容はお任せします。
「任せる」は「君次第」なのでup to youで。

**6.** どうなるかは君次第だよ。

**7.** なるようになる。／なるようにしかならない。

**8.** どうなるか見てみよう。

I know what I'm talking about.

I don't know what's going to happen.

Look at what people do, not what they say.

Where we go depends on what you want to do.

What you talk about is up to you.

What happens is up to you.

What happens happens.

Let's see what happens.

WH名詞節を主語にできるのも便利ですよね。

## あなたが気付いていない和製英語③
## マンション、アパートなど

　日本人がまったく気付かずに使っている和製英語はまだあります。

　日本語の「マンション」のつもりで、mansion に住んでいると言うと、「豪邸」に住んでいるお金持ちに思われるのは有名ですね。

　関連して「アパート」も、ちょっとズレて使われていることが多いです。「アパート」は建物自体には使いません。

mansion（豪邸）
building（いわゆる日本語の「マンション」のことで、建物を指す）
apartment（いわゆる日本語のマンションの「部屋」を指す。502号室など）
room（bathroom、bedroom、living roomなどの「室」のこと）

We live in the same building.（同じマンションに住んでいる）
My apartment is small.（私の部屋は狭い）
I cleaned my room.（自分の寝室を掃除した）

# 発想を変える

「脱・直訳」
して話せる
コツ

そもそも、日本語と英語は発想や仕組みが異なり
ます。なので、日本語の発想で無理やり英語を
作ってもうまくいかないのは当然のこと。本章を読
めば、やさしい工夫や簡単なコツで発想の転換
ができるようになります。

# 英語の発想で考える
## ―easilyをうまく使う

**Q** 「お酒は弱い」
を英語で言うと?

同じことを言おうとしても日英の発想が違う場合が本当に多いので、日本語の単語を一つ一つ英語に訳してもうまくいきません。

たとえば

**お酒は弱い。**

と言いたくて

「お酒はalcoholでしょう?」
「弱いはweakでしょう?」
「"私は"はI amでしょう?」
と考えて、
I am weak alcohol. (私は度数の弱いお酒です)
としてしまった人をたくさん見てきました。

これだと「私なんかマッコリですよ」というような意味になってしまいます。"am"は「は」じゃなくて「です」という意味なので「私は弱いお酒です」と言ったことになるんですね。

　英語で「お酒は弱い」は

# I get drunk easily.
（酔っ払いやすい）

と言います。

　英語では「お酒に弱い」という発想はせずに、「酔いやすい」と考えるのです。読めばすぐにわかるけど、日本語と発想が異なるので、なかなか思いつかないのですね。

## 覚えた表現の一部を置き換える

　このように日本語と英語は発想がまるで違うので、表現ごと覚えることも大事です。I get drunk easily.を決まり文句として覚えると、細かい理屈を考える必要はなくて、すぐに口から出せるという大きなメリットがあります。

　しかし、表現をすべて決まり文句として覚えていくのはキリがなくて、とても効率が悪いですよね。

英語の発想で考える—easilyをうまく使う　│　161

そこで、Unit 08 の「一部を置き換える」というステップを加えることをお勧めします。

● **表現を決まり文句として覚える**
● **一部を置き換えてどんどん応用する**

のです。

　たとえば、I get drunk easily. の「drunk」を置き換えてみましょう。

　drunk は形容詞なので、いろんな形容詞に置き換えてみてください。例えば、angry に置き換えると？

# I get angry easily.
（私は怒りっぽい➡短気です）

という文ができます。**get＋形容詞＋easily** はとても便利な表現なので、この表現を練習しましょう。練習問題の日本語の表現はそれぞれ全然違うけど、英語では同じ形をした表現なんですね (p. 160 参照)。

———— **話せるコツ 20のまとめ** ————

① 英語の発想に沿って考える。

② ここでも、一部を置き換えて表現を増
　やすことができる。

1. 彼は短気です。

2. 私は嫉妬深い。

3. 方向音痴です。
「方向音痴」は「道に迷いやすい」ってことですね。

4. 飽きっぽい。

5. あがり症です。
「緊張しやすい」と考えて。

6. 体が弱い。

7. 集中力がない。
「注意力散漫（distracted）になりやすい」と考えて。

8. キャパオーバーになりやすい。
「キャパオーバー」はoverwhelmed。

He gets angry easily.

I get jealous easily.

I get lost easily.

I get bored easily.

I get nervous easily.

I get sick easily.

I get distracted easily.

I get overwhelmed easily.

easilyだけで表現の幅がこんなに広がるんです。

# sayをうまく使う

 **Q** 「断った」を英語で言うと?

難しそうな日本語でも、英語の発想に合わせると、実は超簡単な英語で表せる場合がたくさんあります。

たとえば「断る」と言いたいときに「refuse?」「reject?」「turn down?」といろいろ迷ってしまう人が多いですけど、ダントツで一番よく使う「断る」の英語は「say no」です。

## I said no. (断った)

「say no」は読めばわかるし、「この表現を覚えなきゃ!」とはわざわざ思わないですよね?

それでも、**「say no」を動詞のカタマリとして覚える**ことをお勧めします。じゃないと、あとで「断る」と言いたいときに、また「refuse?」「reject?」「turn down?」などと迷ってしまうからです。

では、「断る」の逆の「応じる」「許可する」はどうでしょう?

**応じた（許可した）。**

は、そう

# I said yes.

でいいのです。

## sayでもっと言える

「謝る」は「apologize」も正解ですけど、より一般的なのは「say sorry」。「挨拶する」は「greet」じゃなくて「say hello」。「別れの挨拶をする」は「say goodbye」でいいんですよ。

**謝りなさい。**

は

# Say sorry.

ユキさんに挨拶しなさい。

は

# Say hello to Yuki.

彼女に断られたらどうしよう。

は

# What if she says no?

上司が許可してくれるといいな。

は

# I hope he says yes.

彼女は挨拶せずに帰った。

は

# She went home without saying goodbye.

このように、日本語を英語に無理に訳すよりも、英語の発想に従ったほうがずっと楽なのです。

──── **話せるコツ 21のまとめ** ────

「say 〜」のかたまりを1つの動詞として考える。

# sayをうまく使う練習

次の日本語を英語で言ってみましょう。
（答えは次ページ）

1. | 彼は断った。

2. | 彼女に断られた。

3. | 彼が応じてくれるはず。

4. | 彼女は許可してくれたの?

5. | 彼に謝られた。

6. | 謝るつもりはない。

7. | Nicおじさんに挨拶しなさい。

8. | Janeによろしく言っておいて。

He said no.

She said no.

He's going to say yes.

Did she say yes?

He said sorry.

I'm not going to say sorry.

Say hello to Uncle Nic.

Say hello to Jane.

Chapter

5

発想を変える

sayの便利さが伝わりましたか?

# 否定をうまく使う

 **Q** 「私はシラフです」を英語で言うと?

**私はシラフです。**

と言いたい場合はどうしましょう?

「"シラフ"は英語で何と言うんだろう?」「"シラフ"なんてわからない!」と日本語にこだわらずに、**「つまり"酔っ払ってない"ということだね」**と発想を変えましょう。つまり

# I'm not drunk.（酔っ払ってない）

と言えばいいのです。

これなら「sober（シラフ）」という単語を知らなくても、簡単に言うことができますよね。

単語や表現が出てこなくても、逆のことなら知っている場

合があります。**「逆のことを言いたかったら、否定にする」**ことを考えてみてください。もともと否定の内容なら肯定にすればいいのです。

同じように「すっぴんです」と言いたいときは、「すっぴん」に相当する英単語をあれこれ考えるのではなく、「化粧をしていない」と考えましょう。

**私はすっぴんです。**

は

# I'm not wearing makeup.

と言えばいいですね。

## easilyの反対は？

話せるコツ20で「easily」の使い方を取り上げましたね。「〜しやすい」の反対のことを言おうとするときは「〜しにくい」だから「hardly」かな、と思うかもしれませんが、実はそうではありません。

「easily」を使った文の反対のことを言いたかったら、**その文を否定文にすればいい**のです。これも便利なポイントです。

「お酒は弱い」は「I get drunk easily.」でした。では

**お酒は強い**。

は？　そう、否定文に変えて

# I don't get drunk easily.

でいいのです。

「体が弱い」は「I get sick easily.」でしたね。では

**めったに病気しない**。

は

# I don't get sick easily.

です。

　このように、英語の発想のまま否定をうまく使うと、難しいと思えた表現も簡単に言えるようになります。

難しい単語が思いつかないときは、否定にすれば言えるのではないかと考える。

1. 彼女はシラフです。

2. トムはお酒が強い。

3. 彼女はいつもすっぴんです。

4. 彼は体が強い。
「病気になりやすくない」と考えて。

5. 彼は寛容です。

6. 彼は寒さに強い。
「冷える」はget cold。

7. 彼女はストレスに強い。

8. 今知った。

She's not drunk.

Tom doesn't get drunk easily.

She doesn't wear makeup.

He doesn't get sick easily.

He doesn't get angry easily.

He doesn't get cold easily.

She doesn't get stressed.

**I didn't know that.**
I knew that for the first time.とは言いません。

まさに発想の転換の例ですね。

# 受け身にこだわらない

 **Q** 「彼はみんなに好かれている」を英語で言うと?

**彼はみんなに好かれている。**

は、学校の「受け身」の授業で、
He is loved by everyone.
と習った人も多いでしょう。もちろん、間違いではないのですが、会話では以下の言い方が最も自然です。

## Everyone likes him.

たとえ日本語が受け身でも、英語は受け身で言わないことも多いし、受け身にしないほうが、実は簡単に言えることも多いのです。

**それは彼に勧められた。**

はどうでしょう?　日本語では主語を言わないことが多く、

「自分」を主語にして考える傾向が強いです。そのため、「彼に言われた」「彼に聞かれた」のように受け身で言うことは自然です。しかし、英語は必ず主語を入れるので、わざわざ受動態を使う必要はなくて

**He said ~**
**He asked ~**

のように、受動態にせずに、Heを主語にしてSVO（能動態）で言うのが自然です。つまり、「彼に〜された」じゃなくて「彼が〜した」と考えるほうが自然なのです。したがって

# He recommended it.

と簡単に言うのがいいのです。

## by ~を使うくらいなら能動態で！

受験勉強で英語の受け身を教わるときは、たいてい「by him」のように「by ~」が付きます。しかし、実は「誰にされたか」を言うぐらいなら、最初からその人を主語にするほうが簡単で自然です。

たとえば、An apple was eaten by me. なんて言わずに、I ate an apple. のほうが簡単で自然ですよね？

それと同じように、I was asked by him.よりもHe asked me.のほうがずっと簡単で自然です。

## 誰にされたかの情報がない場合

英語では、**「誰にされたか、誰がしたか」を言わない場合やそういう情報がない場合**に受け身を使います。

たとえば

**パーティーに誘われた。**

と言いたい場合、誰に誘われたかを言わないなら

# I was invited to a party.

で問題ありません。ただし、I was invited to a party **by him**.と、by himを付けて言うぐらいなら

# He invited me to a party.

のほうがずっと簡単で自然なのです。

以下、同様に受け身のほうが自然なケースです。

**財布が盗まれた。**

# My wallet was/got stolen.

**プロポーズされたことがない。**

# I've never been/gotten proposed to.

実は、こういう場合でも「someone」や「no one」を主語にすれば、受け身にせずに済みます。

# Someone stole my wallet.

# No one has ever proposed to me.

--- 話せるコツ 23のまとめ ---

主語がはっきりしていたら、受け身にこだわらずSVO（能動態）で言う。

# 受け身にこだわらない練習

次の日本語を英語で言ってみましょう。
（答えは次ページ）

1. | 彼女に断られた。

2. | そのことはみんなに知られている。

3. | 彼女はみんなに賢いと思われている。

4. | 彼はみんなに信頼されている。

5. | 先生にほめられた。

6. | 彼に笑われた。

7. | 彼女に間違いを指摘された。
「〜を指摘する」はpoint out 〜。

8. | それは誰にも言われたことがない。

She said no.

Everyone knows that.

Everyone thinks she's smart.

Everyone trusts him.

The teacher praised me.

He laughed at me.

She pointed out my mistake.

I've never been told that. / No one has ever told me that.
これは受け身でも結構使います。

SVO（能動態）で言えないかチェックする習慣を！

# 超カンタン単語フレーズ集

本書のコツをマスターすれば、英会話がグンと楽になるはず
ですが、どんな言語でも理屈でなく「これはもう覚えるしかな
いよ」というフレーズはたくさんあります。そんなフレーズの
中から、超簡単な語彙を使っているものを紹介しましょう。

## **1** 難しい単語は全く使ってないのに…

英語学習者にとって意外に難しいのは、超簡単な単語を組み合わせ
た「句動詞」や「熟語」ですね。単語自体は簡単なので、分からな
いと悔しいでしょうが、「語彙」を覚えるのと同じ感じで、丸ごと暗記
しましょう。 ……………………………………………… 🔊 28

**1.** | 彼ははっきり言うタイプ。
He tells it like it is.

**2.** | まだ実感がない。
It hasn't hit me yet.

**3.** | 彼もグルだったの?
Was he in on it?

**4.** | 彼は出世するだろう。
He's going to go far.

**5.** | 空気を読んで。
Read the room.

**6.**
それはお互い様でしょう。
It's a two-way street.

**7.**
天狗になるなよ。
Don't let it go to your head.

**8.**
まだ基礎を学んでいます。
I'm still learning the ropes.

**9.**
彼は何かを企んでいる。
He's up to something.

**10.**
その話に触れないで。
Don't go there.

**11.**
塵(ちり)も積もれば山となる。
It all adds up.

**12.**
彼女に夢中だよ。
I can't get enough of her.

**13.**
それって私にどんなメリットがあるの?
What's in it for me?

**14.**
よく言われる。
I get that a lot.

**15.**
(その言葉などが)心に響いた。
It struck a chord with me.

**16.** 可能性は無限大！
The sky's the limit!

**17.** 私も経験したからその気持ちは分かります。
I've been there.

**18.** なるようにしかならない。
What happens happens.

**19.** 健康状態は食生活によるものだ。
You are what you eat.

**20.** 今、メンタルが抜群です。
My head's in the right place.

**21.** 手先が不器用。
I'm all thumbs.

**22.** 昔からの知り合いだ。
We go way back.

**23.** 感激させてください。
Wow me.

## 2 奇跡的に日本語とほぼ同じ表現

英語と日本語は歴史的に何のつながりもないので、表現が違って当たりまえです。逆に、同じような表現が偶然にあるのは奇跡です！以下の表現は日本語から無理やり訳した英語のように感じるかもしれませんが、全部、実際によく使う英語の決まり文句ですよ。… 🔊29

**24.** | 顔に書いてあるよ。
It's written all over your face.

**25.** | 親父ギャグだね。
That's a dad joke.

**26.** | 彼は上司の悪口を言っていた。
He was badmouthing his boss.

**27.** | 白黒がはっきりしている。
It's very black and white.

**28.** | 3度目の正直。
Third time's the charm.

**29.** | 物事が手に負えなくなった。
Things got out of hand.

**30.** | オブラートに包まないではっきり言ってくれ。
Don't sugarcoat it.

**31.** | （串カツ屋などで）ソースは2度付けしないでください。
No double-dipping.

**32.** 遅かれ早かれそうなっていたよ。
It had to happen sooner or later.

**33.** 時はどんな傷でも癒してくれる。
Time heals all wounds.

# 3 笑える気が利いたフレーズ

言語を覚える楽しさの一つは、母国語にないような、視野を広げて
くれるような、新しい概念の表現に出合うことですね。そして、その
言語のネイティブしか知らないような気の利いた表現を使うと、親し
みを覚えてもらったり、喜ばれたりします。ぜひ使ってみましょう！

🔊30

**34.** ずっと同じことを言っているね。
You sound like a broken record.

**35.** 思っていたほど食べれなかった。
My eyes were bigger than my
stomach.

**36.** 奥さんの尻に敷かれている。（かかあ天下）
She wears the pants.

**37.** ズボンの上に贅肉が乗っている。
I'm muffin-topping.

**38.** 迎え酒だ。
Hair of the dog.

**39.** | 上には上がある。
There's always a bigger fish.

**40.** | やけ酒です。
I'm drowning my sorrows.

**41.** | 友達止まりにされちゃった。
She friendzoned me.

**42.** | ウケる！
Classic.

**43.** | シーンとなった。
Crickets.

**44.** | オチは？
Where are you going with this?

そのまま覚えるのがベストな表現なんですけど、解説は「ニック式英会話」のウェブサイトで無料でいつでもご覧いただけます。

 このQRコードから3000以上のフレーズとその解説にアクセス！

週3回更新してます！　キーワード検索もできるので、気になったフレーズを検索して解説を読んでみましょう。

自宅で英語脳を育てる

# 独学コース＆教材

を開発しました！

Speaking

聞いてはなす
6つのトレーニング
**英会話ジム
アプリ**

Listening

ストーリーをつくる
**Speaking
Map**

生きた、
正しい英語をお届け
**ひとこと
英会話**

Vocabulary

フルカリキュラム ＆ レッスン動画

## 無料公開中

https://nic-english.com/dokugaku

※こちらについてのお問い合わせは上記サイトまで。

**ニック・ウィリアムソン(Nic Williamson)**
英会話教室「ニック式英会話」主催。同名のYouTubeチャンネルは登録者数が52万人を超え、人気を博している。英語講師歴は20年超。オーストラリア・シドニー出身。シドニー大学で心理学を専攻。同大学で3年間日本文学を学び、日本文化にも精通。在学中にオーストラリアの日本大使館主催の全豪日本語弁論大会で優勝。日本の文部科学省の奨学金を得て、東京学芸大学に研究生として1年半在学した。在学中にアルバイトで英会話スクールで英語を教え始め、卒業後も人気講師として勤める。その後、自身の英会話教室を開設し、企業向けの英語研修や大学での講義、SKYPerfect TVの番組の司会やラジオDJ、数々の雑誌記事や10冊の英語本の執筆など、活動は多岐にわたる。日本語を完璧に習得した経験と、大学で先行していた神経心理学の知見をもとに、効果的・効率的な独自の言語習得法を開発。著書に『たった30パターンで英会話！「言いたいことが出てこない」をスッキリ解消』『中学レベルの英単語でネイティブとペラペラ話せる本』(以上、ダイヤモンド社)『見るだけで英語ペラペラになるA4一枚英語勉強法』『話せる英文法』(以上、SBクリエイティブ)など多数。

# 英会話は直訳をやめるとうまくいく！

発行日　2024年2月20日(初版)

著者：ニック ウィリアムソン
編集：株式会社アルク 出版編集部
編集協力：亀川ゆき
校正：いしもとあやこ／Peter Branscombe／Margaret Stalker
ナレーション：藤田みずき／Howard Colefield

ブックデザイン：三森健太(Jungle)
DTP：朝日メディアインターナショナル株式会社
印刷・製本：シナノ印刷株式会社
録音：一般財団法人 英語教育協議会(ELEC)

発行者：天野智之
発行所：株式会社アルク
　　　　〒102-0073　東京都千代田区九段北4-2-6市ヶ谷ビル
　　　　Website：https://www.alc.co.jp/

落丁本、乱丁本は弊社にてお取り換えいたしております。
Webお問い合わせフォームにてご連絡ください。
https://www.alc.co.jp/inquiry/

本書の全部または一部の無断転載を禁じます。著作権法上で認められた場合を除いて、本書からのコピーを禁じます。
定価はカバーに表示してあります。

本書の全部または一部の無断転載を禁じます。著作権法上で認められた場合を除いて、本書からのコピーを禁じます。
定価はカバーに表示してあります。
ご購入いただいた書籍の最新サポート情報は、以下の「製品サポート」ページでご提供いたします。
製品サポート：https://www.alc.co.jp/usersupport/

©2024 Nic Williamson / ALC PRESS INC.
Printed in Japan.
PC：7023031　ISBN：978-4-7574-4033-3

地球人ネットワークを創る

アルクのシンボル
「地球人マーク」です。